종이 거울

김애경 시집

도서출판 실천

종이 거울
실천 서정시선 099

_____

초판 1쇄 인쇄 | 2024년 9월 27일
초판 1쇄 발행 | 2024년 10월 09일

지 은 이 | 김애경
발 행 인 | 이어산
기 획·제 작 | 이어산
발 행 처 | 도서출판 실천
등 록 번 호 | 서울 종로 바00196호   등 록 일 자 | 2018년 7월 13일
           | 진주 제2021-000009호 | 2021년 3월 19일
서울사무실 | 서울특별시 종로구 율곡로 6길 36
            02)766-4580, 010-6687-4580
본사사무실 | 경남 진주시 동부로 169번길 12, 윙스타워지식산업센터 A동 705호
            055)763-2245, 010-3945-2245   팩스 055)762-0124
편 집·인 쇄 | 도서출판 실천
디자인실장 | 이예운   디자인팀 | 변선희, 김승현, 김현정

ISBN 979-11-92374-59-8
값 12,000원

* 이 책은 전부 또는 일부 내용을 재사용하려면 저작권자와 '도서출판 실천'의 동의를 받아야 합니다.
* 이 책의 국립중앙도서관 출판예정도서목록(CIP)은 서지정보유통지원시스템(http://seoji.nl.go.kr)과 국가자료종합목록시스템(http://www.nl.go.kr/kolisnet)에서 이용하실 수 있습니다.
* 잘못된 책은 교환해드립니다

종이 거울

김애경 시집

■ 시인의 말

따뜻한 아이들과
가족간의 버팀목이 되어준
당신에게 감사합니다^^

_ 김애경

■ 차례

1부

단풍	12
포마드	13
인감도장	15
귀뚜라미	17
영월군 상동읍	19
매미	21
비밀번호	22
얼굴	24
벚꽃	25
대형 창문	26
연산홍	28
할머니	29
벚꽃길	31
엄마의 옷	33
화살표	35
친절한 촬영	36

2부

딸 40
발 세 개 42
봄 냄새 43
개구리 45
덤 47
화가 난 은행 49
지금 51
스펀지 53
소문난 들깨 버섯탕 55
구름다리 57
고종의 길 59
산불 61
미니 교실 62
나이-1 64
옛 시절 66
외돌개 68
야채들의 향연 70

3부

십자가	74
휴대폰	75
나이-2	76
칼	78
욕심	80
노란 추억	81
할머니와 손자	83
파마	84
오십견	86
쑥	88
눈	90
따뜻한 눈사람	91
책임감	93
종이 거울	95
팬데믹	97
조약돌 탑	98

4부

눈칫밥 102
오래된 병 104
눈 105
5월의 게 107
교복 108
기억력 110
해맑은 엄마 111
코로나-19 112
노안 114
김장 116
사계절 118
덕질 120
월 122
변화 124
친구 126
입학식 128
이중적 생각 130
매미 132
시집해설 134

1부

단풍

잠자리 두 마리가
핏물처럼 빨강 꼬리를
연신 이어가며 날아오른다

짝꿍과 공개적인 사랑
남사스러워 눈을 흘기며
부럽기도 하여
힐끔힐끔 쳐다보다가

금방 익어서 빨갛게 된
가을을
우편함에서 꺼낸다

포마드

어디서 꺼냈는지
빨강 노랑 파랑 삼색의 띠가 낡아
회색으로 보이는 모자를 쓰고
손자가
칼싸움을 한다

모자가 너무 커서
얼굴을 다 덮는데도
잘도 뛰면서 논다

애가 뛸 때마다
언뜻언뜻
낯익은 포마드 냄새가 난다

퇴근한 아버지는 언제나
나를 번쩍 안아 볼을 비비셨다
수염도 따가웠지만

포마드의 그 짙은 냄새가 싫어
얼른 내려가려고 발버둥을 쳤었다
그럴 때마다
아버지는 외동인 나를
더욱더 꼭 안아주시곤 했었다

얼굴이 땀범벅 된 손자가
모자를 소파 위로 던진다
소파 위에 누워 계시던 추억이
벌떡, 일어나
손자를 안고 볼에 뺨을
비비신다

오늘따라
그 희미한 포마드 냄새가
마음에 축축하게 쌓여
온몸을 저리게 한다

인감도장

상처가 많이 난
나무 도장은
이름 대신
빨간 인주가 뭉쳐서 찍힌다

도장은 찍기 위해 있는 것이라며
친구는 자꾸 종이를 내미는데
검은 글자 위에 무수히
내가 아닌 나를 찍은 것 같아
물리고 싶었지만
말도 못 하고 창밖만 쳐다보았다

코피보다 더 비릿한
인주가
구름을 찢고
천둥과 번개를 친다

예감은 틀리지 않는 법

잘못 찍은 이름을 안고
집
한 채
허공으로 날아간다

귀뚜라미

아침마다 할머니 한 분이
쌈지공원의 낡은 의자에 걸터앉는다

다른 곳은 쳐다보지도 않고
울리지 않는 핸드폰을 자꾸 들여다본다
전화를 걸지는 않는다

혹시나 못 받을까 봐 그런지
늦은 점심으로
빵 하나를 드시면서도 손에서
폰을 놓지 못한다

해가 뉘엿뉘엿 질 때까지도
폰이 울리지 않았는지
들여다보고 또 들여다본다

의자 밑 가느다란 할머니의 다리와

낡은 의자의 다리가
어둠 속에 뿌리를 내린다

귀뚜라미들이 애처로운지
오늘도 아들 대신
벨소리를 울려 준다

영월군 상동읍

어린 시절 발자국 뗄 때마다
옆을 지나는 계곡의 물소리
"학교 갔다 오니? 응, 학교 갔다 와"
집 도착할 때까지 따라오는 물소리
밤마실 갈 때도 앞에서 뒤에서
호위하며 따라오는 물소리

잠이 오면 자장가로
심심하면 옛이야기로
햇빛이 쨍하면 다이아몬드
퍼부을 것같이 눈부시게

화가 나면 무섭게
바위를 부술 것 같은 기세로
위에서부터 달려 내려오는 거친 소리
천둥보다 더 크게
나를 삼키고 우리 집도 삼킬 것 같아

뛰고 또 뛰어도
끝까지 따라오던 물소리

매미

아파트가 떠나갈 듯
아침부터 이쪽에서 울고
이쪽이 그치면 저쪽에서
또 울어 댄다

지하에서 7년을 지내다
한 달여 만에 짧게 생을 마치니
뭔가 억울한가 보다

너는 그래도 소리내어
크게 울어보기라도 하지

비밀번호

"열려라 참깨"
옛날엔 주인이 말하면
동굴 문이 열렸다

요즘은 현관문 컴퓨터 은행
모든 일에 비밀번호가 있어야
대문이 열린다

어느 날 딸의 비밀번호가 필요했다
엄마 내 번호는 엄마가 아는 번호야
무심코 한마디 던진다

무심히 내 생일을 눌러본다
내게는 못 쓰는 생일번호가
딸에게는 비밀번호이다

발걸음이 가벼워진다

괜히 콧노래가 나온다
비밀번호가 어떤 선물보다
감동을 주는 하루다

얼굴

거울 속의 낯선 여인이
나를 쳐다보고 있다

눈꼬리에 새로 생긴 몇 개의 선
입 주변의 선명한 심술선
눈두덩이엔 솜방망이처럼 매달린
잘 떠지지 않는 눈

1월의 달력을 넘긴 것 같은데
어느새 12월 달력만 남게 된다

서글퍼지는 외모 대신
주름의 수만큼
넓어지는 마음으로

거울 속의 여인이
나에게
위로의 말을 건네준다

벚꽃

벚꽃은 옷을 너무 빨리 벗는다
벗겨진 옷은 작은 조각천이 되어

지붕 위나 길 한쪽에
수북이 쌓인다

분홍색 꽃길을 걷자니
조각천에 미안하다

한 움큼 조각천을
주워서 뿌려본다
꽃비가 내린다

잊었던 청춘의
두근거리는 소리가
귓가에 들린다

대형 창문

움직이는 지게차가 있다
지게차 크레인에는 아파트 거실 창문이
대롱대롱 매달려 있다
떨어질 것 같아 불안하다

공중에 떠서 이리저리
움직이는 유리는 빛에
반사된 대형거울이다

날아가는 새와
비행기도 간간이 보인다
꽃과 나무도
흔들거리며 보인다

대형 창문은 목표인 10층까지
가는 동안 세상의 모든 것을
다 구경했다

목표 층에 도착해서
자기 자리에 들어가니
한 가정의 비바람 막아주는
견고한 버팀목이 된다

연산홍

자신감 넘치는
진한 빨강색 엄마 입술

호기심 많은
큰누나의 분홍색 입술

부끄럼 많고 풋풋한
수줍은 막내 누나의
엷은 분홍색 입술

봄에는 이 입술들이
제각기 노래를 열심히 부른다

열심히 부르는 노래가
여름을 재촉한다

할머니

해맑게 웃는다
세상의 골치 아픈 일은 하나도 없다

보고 싶은 사람이
옆에 와도 웃고
미운 사람이 다가와도 웃는다

반찬이 있어도
반찬이 없어도 먹을 수 있으면
계속 먹는다
배부른 것을 잊어 버렸나?

말도 잊었는지
앵무새처럼 상대방
말만 따라 한다

쳐다보고 있자니

슬프기도 하고
행복한 그 미소가
부럽기도 하다

벚꽃길

2년 만에 개방하는 석촌 호수길
벚꽃의 수만큼
까망머리 수도 많다
벚꽃 반 까망 꽃 반이다

봇물이 터진 듯 끝도 없는
까망 꽃 행진이 이어진다

2년여의 창살 없는 감옥살이로
답답했던 몸과 마음을
벚꽃과 함께 날려 보내려 한다

마스크 위의 반짝이는 눈들이
더 빛이 난다

날개는 없지만
푸드덕 팔만 뻗치면

날 것 같은 강렬한 자세로
걷고 또 걷는다
하늘을 향해

엄마의 옷

작은 키지만
요즘 더 작아진 엄마
이 옷도 안 맞고 저것도 안 맞는다
안 입으신다고 던져진 옷

엄마의 냄새와 정이 배인
옷을 걸쳐본다

예전에는 절대 맞지 않았다
유행은 지났으나
품이 다 맞는다
그렇게 살이 찌지도 않았는데
나잇살인 게다

가장 나은 옷을 걸치고
뒤돌아서니
소녀처럼 웃으신다

네가 난 줄 알았다

"하하하" 잘 안 웃으셨는데
모처럼 크게 웃으신다

화살표

복잡하게 살아가는 길
쭉 가다가 부딪히는 벽
화살표를 찾으려
고개를 높이든다

눈에는 보이지 않고
머리와 마음의 화살표가
가리키는 방향이 달라
서로 싸운다

한참의 갈등 후에
눈에 확연히 보이는 화살표
마음과 머리에도
방향이 보이기 시작한다

까맣던 머리에 흰 머리카락이
띄엄띄엄 보인다

친절한 촬영

간 검사 받아 보셨어요?
지금까지 한 번도 안 받으셨지요?
검사 내내 심장 뛰는
소리가 귓전에서 떠나지 않는다

약을 먹고, 주사를 맞고
둥근 통에 들어간다
순간 검사를 괜히
받는다는 생각이 든다
긁어 부스럼 만드는 느낌이다

촬영 기계가 너무 친절하여
암 예보 숫자가 떴다
암은 아닐 수도 있지만 예의 주시란다

잠 못 이루는 밤이 이어지며
일상의 평범함이 비범함이 되고

맛있는 밥은 돌덩어리 같다
손자의 재롱도 눈으로 건성건성이다

평소 다니던 선생님께
어렵사리 검사지를 내민다
"쯧쯧" 신경 안 써도 되는 수치란다

"선생님, 너무 감사합니다."
갑자기 배가 너무 고파진다

2부

딸

환한 대낮
짙은 구름이 몰려와
어두워지고 있다

어디선가 고소한 냄새가
코를 자극한다
술이 고프다

비워지고 채워지는
술 속에 아버지가 보인다
네가 술친구였으면
아니, 아들이었으면

또렷이 들려오는 소리에
화들짝 문밖을 나가 본다

쏟아지는 아버지가

얼굴로 말씀하신다
너는 내 술친구 맞다

발 세 개

열심히 세발자전거의
페달을 밟는 손자
그 손자가 다칠까 봐
지팡이 짚고 옆을 지키는 할아버지

할아버지가 걷기 시작하자
손자는 페달을 천천히 밟는다
더 빨리 달릴 수 있지만
할아버지와 보조를 맞춘다

할아버지가 손자를 보호하고
손자는 할아버지를 살핀다

햇볕이 따뜻한
붉은색이 감도는 오후 시간에

도란도란 사이좋은
지팡이와 세발자전거

봄 냄새

졸졸 재잘거리는 도랑물
겨우내 웅크렸던 산수유, 벚나무의
빼꼼히 보이는 꽃망울

코끝을 간질이는 쑥, 달래의
쌉싸래한 내음

아침을 시끄럽게 하는 새들의
다양한 합주 소리

눈 부신 햇살 들려오는 음악 소리를
향해 달려 나간다

계단 귀퉁이 매달렸던 먼지 낀
자전거 페달을 힘껏 구른다

폐부 깊숙이 들어오는 바람을

맞으며 달린다

봄 냄새 흙냄새
열심히 따라온다

개구리

개구리 한 마리
우물에서 뛰어나와
바깥세상 구경하러
높이 뛴다

높이 뛰니 분홍 초록으로
물들여진 들과 산의 모습에
가슴이 뛴다

처음 뛸 땐 신기하고, 재미있었다
계속 높이 뛰어본다
생각만큼 앞으로
나아 가지 못하고
제자리로 돌아온다

마지막 도약을 하고
우당탕 벽에 부딪히며

우물로 다시 뛰어 든다
차라리 우물 안이
더 편안하다

덤

해가 갈수록
허리는 펴지기보다 수그러든다

숙이니 하늘 보다
땅이 눈에 더 들어온다

아기 발자국 유모차 발자국
부모 발자국 어린이 발자국
점점 커지는 발자국
거기다 작은 지팡이 자국까지

허리를 펴본다
파란 하늘 뭉게구름
절로 웃음이 배어 나온다

시커멓고 검은 구름
두려워진다

그러나 그런 하늘을
눈에 담는 게 감사하다
나이 구십 자락 들어서니
모든 게 덤이라고
말씀하시는 엄마

화가 난 은행

날이 더워서인가
단풍이 들다 말고
초록으로 길 위에 떨어진다

은행잎은 예전에 비해
어른 손바닥에서
어린이 손바닥으로 작아진다

어린 손바닥은 불만이 많다
예전엔 손도 크고
노란색도 선명했는데
갈수록 손은 조막손으로
노란 옷도 빨리 벗는다고

왜 나만 역행하냐고
화를 낸다

화내지 말라고
얘기 걸어본다

조금만 기다려봐
그러면 다시 어른 잎 되고
노란색 코트를 오래
입는 날이 올 거야

지구 온난화가 천천히
진행되길 바라면서

안타까운 은행
마음을 달래본다

지금

던져지던 신문 대신
그 전날 쇼핑한 물건과
음식이 놓여 있다

화면을 손끝 터치 한 번으로
설빔 추석빔 밥상에 오르는
맛난 먹거리가
집 앞까지 로켓처럼 달려온다

예전에는 엄마 손 꼭 잡고
설빔 추석빔을 기대하며
시장에서 색동옷을
아저씨에게 흥정하며 사고
맛난 것도 먹고

시장 한쪽에서
"골라, 골라" 공짜로 줄 것 같은

걸쭉한 아저씨의
목소리를 들으며
한참을 구경하곤 했었는데

스펀지

7세 아이가
영어 유치원, 미술, 태권도, 수학, 피아노

자그마한 머리에
바가지도 모자라 양동이로 붓는다

왜 이렇게 많이 마셔야 하는지
영문도 모른 채 마신다

조그만 얼굴이 일그러지더니
그만 울어버린다

배도 아프고
머리도 아프단다

옆에서 할머니가 거든다
그만 들이부어라

아이가 스펀지더냐

물 새는 스펀지보단
물 새지 않는
건강한 스펀지가
훨씬 좋은 게지

소문난 들깨 버섯탕

식당 문에서부터 한 블록
가까이 늘어선 줄
30분 내지 한 시간을
기다린 뒤 식탁에 앉아본다

펄펄 끓는 뚝배기에
버섯 한가득 담은 채
들깨 향 풍기며
무심히 앞에 놓인다

한 숟갈 떠보니
들깨 농도가 너무 옅다
물의 양이 너무 많나?

뚝배기의 높은 온도에
옅은 들깨 농도가 점점 짙어진다
맛은 시간이 지날수록

고소하고 깊이가 있어진다

다음에 또 찾아와야겠다
숟가락도 놓기 전에 생각하고 있다

구름다리

바다 위에 건장히
쇠 말뚝을 박아
산책로를 만든 출렁다리

예전에는 생각도 못 할
바다 위를 여유로이 걷는다
꺅꺅 소리 내는 새들과
해변에 보이는
기암괴석의 모습들

코끝을 스치는 싱그런 바다 냄새
철썩이며 바위를 때리는 파도 소리

다리 밑의 바다는 친근한 친구가 되어
같이 놀자고 자꾸 유혹한다

풍덩 뛰어들어 전복 소라를 캐고

가지가지 모양과 색깔의 고기떼와
어울리고 싶어진다

수평선을 붉게 물드는 노을이
사라질 때까지 다리 위를
걷고 또 걷는다

고종의 길

귓볼과 뺨에 칼바람 이는
2월의 쌀쌀한 새벽

뒤를 힐끔힐끔 보며
종종걸음 하는 한 무리의 가족

자존심은 어디에 뒀을까?
일단 몸이라도 편하게……
경복궁을 떠나 러시아 공사관까지
2분여밖에 안 되는 길이
얼마나 멀고 험하게 느꼈을까

망국의 책임을 진 고종의
초조와 안쓰러움이
배어있는 120m의 길

이 짧디짧은 길을

가슴 졸이며 걸었을
고종의 몸부림이
온몸에 부딪혀 온다

산불

산이 화났나 봐요
한 민족이 청홍으로
나누어져 너무 싸우나 봐요

싸우는 게 새삼스런 것은 아니지요
우리는 조상 때부터 싸워 왔지요

울진의 산불은 최장 시간이래요
열흘을 화를 내며 나무를 태웠어요

우리는 발만 굴렀지요
앞으로 우리끼리 싸우지
않았으면 좋겠어요

반가운 봄비가 살짝 뿌려 줬어요
화도 좀 가라앉았나 봐요
앞으로 우리가 잘할게요

미니 교실

방음으로 둘러싸인 사면과
창문 하나 컴퓨터 한 대 의자 두 개
한쪽 벽엔 스크린이 설치돼 있다

커튼 사이로 비집고 들어오는 햇살에
먼지 파편은 작은 별 모양으로 반짝인다
반짝이는 별은 가늘고 길게
창문을 향해 뻗어 있다

기계의 힘으로 올라오는
작은 공을 힘껏 때려본다
반짝이는 별은 선의 균형을 깨고
커다란 뭉치로 뭉쳤다가
공기에 묻혀 순간 사라져버린다

싱그러운 초록 바탕에
공은 멀리 날아간다

화면 속 풀 내음이
코끝으로 전해진다

나이-1

새해 첫날
떡국을 먹는 식구들의 표정이 다양하다
제일 어르신 할머니는 국그릇에
숟가락을 넣고 천천히 한 숟가락씩 드신다
나는 먹기 싫어서 조금 펐다
아들과 딸은 맛있게 먹는다
손자들은 신나게 먹는다

떡국 먹기 싫은 나는
세 번 더 먹으면 칠순이다
나이 먹는 것이 두렵다

정신없이 달려온 시간을 돌아본다
아이들이 중년으로 접어들고
큰 손자는 사춘기에 들어선다

67세의 나이 보다, 40 넘어가는

자식들 나이에 화들짝 놀란다
떡국 먹지 않겠다는 투정은
갑자기 부끄럼이 되어
치마 속으로 감춰버린다

다가오는 세월을 의연히
받아들일 준비를 하며
맛있게 떡국을 다시 먹어본다

옛 시절

하굣길 늦게 교문을 나선다
골목 어귀까지 걸어가면
아침보다 길어진 그림자가
부지런히 쫓아온다

금방 바람 빠질듯한 리어카
간신히 지탱되는 거뭇한 판자 위
구부러진 녹슨 옷핀에 꽂혀
기운 없이 축 처진 모습으로
지나가던 나를 슬피 바라본다

주머니 속의 동전과 타협한 뒤
초고추장에 녹물과 버무려
힘없는 해삼을 입에 넣는다
순간, 상큼한 바다 내음이 입안 가득
퍼진다

타임머신 타고
되돌아가고 싶다

외돌개

거센 파도와
비바람을 맞으며
숱한 세월을 견디며
고기를 잡으러 나간 할아버지를
기다리며 망부석이
돼 버린 할머니

그리움에 얼마나
많은 눈물이
바다에 떨어지고

답답하고 상처 난 마음을
바위에 부딪히며
아픔으로 잊으려 했을까

돌이 되어 버린 옆 모습은
지금도 부른다

"하르바앙, 영감"
파도와 바람은
영감을 삼키고
또 삼키고 있다

야채들의 향연

베란다 어둔 곳에
사둔 지 꽤 된 야채들이
뒹굴고 있다

무 머리는 작은 초록 잎
왕관을 쓰고
감자는 세상을 구경하기 위해
힘차게 싹을 내고

고구마는 자주색 줄기를
있는 대로 뻗어 고공 행진을 하고
양파는 싱싱한 초록색
줄기를 빛내고 있다

이들은 어둡고 축축한 곳에서
개성을 뽐내고 있다

밭에서 다 자란 줄 알았는데……
베란다에서 또 자라다니

야채들은 오늘도
눈치 안 보고
맘껏 즐기고 있다

3부

십자가

길 건너 교회 지붕이
생선 가시 같은 나무들
사이로 환하게 보인다

미세먼지 없는 날의 교회 지붕은
예쁘고 경건하기까지 하다
한참 쳐다보고 있노라면
교회를 다니지 않는 나도
절로 소원을 빌게 된다

여름은 우거진 잎에 가려
십자가 끝만 겨우 보인다
언제부터인가 나무가
자라지 않기를 기도한다

아침 햇살에 빛나는 십자가를
항상 확인하고
눈에 넣어두고 싶어서

휴대폰

아기 참새가 재잘거린다.
엄마, 요새는 허수아비 아저씨와
사람 아저씨 구별하기가
너무 쉬워

어떻게 구별하니?

허수아비 아저씨는
고개를 숙이지 않잖아

사람 아저씨는
손에 손 TV를 보느라
하루종일 고개를
숙이고 다녀

나이-2

눈가의 주름 친구들의 흰 머리
싱크대의 묵은 때
잘 안 보여 편할 때도 있다

소소하게 나누는 얘기
귀 기울이지 않으면
흘려서 듣게 된다

흘러가는 시간 속에
몸에 힘을 빼고 천천히
드러 눕는다
시간은 강물이 된다

마음속의 욕심, 과시욕을 떨구니
가볍게 강물과 친구가 되어
개울물도 되고 큰 폭포도 되면서
바다에 이르게 된다

나이가 드니 바다 같은 마음과
깃털처럼 가벼운 몸을 갖게 되니
나쁘지만은 않은 것 같다

칼

조용한 오전 시간
아파트 단지에 멋진
바리톤 목소리가
쩌렁쩌렁 울린다

6개월 전에 듣고
오랜만에 듣는 "칼 갈 어"

부엌에 머무는 시간이
짧아지는 요즈음
누가 칼을 갈까?

시대의 뒤안길로
접어드는 일
오늘따라 목소리에 힘이 있다

갑자기 우렁찬 목소리가

들리지 않는다
자신의 일에 충실한
경비 아저씨와의 다툼 뒤

작은 나무 가방
옆구리에 끼고
돌아서는 아저씨의 어깨가
거의 땅에 닿을 지경이다

욕심

작년에 무엇을 입었나?
생각하며 올해 옷을 또 산다

스파게티를 먹으면서
다음엔 피자를 같이
먹어야지 생각한다

100만원 적금을 타면서
다음엔 좀 더 많이 넣어야지
생각한다

좀 더, 좀 더
조금씩, 조금씩
많이, 더 많이

노란 추억

손 위에 들려 있는 커피 향이
코끝을 자극한다
지나가던 바람에 작은 은행잎
하나가 풍덩 떨어진다

작은 커피 호수에서 빙빙 돈다
나도 같이 돈다
어린 시절 겨울은 왜 그리 추웠는지
쉬지 않고 흘러내린
콧물을 많이도 들이마셨지

갈래머리 고교 시절
친구들과 선생님 몰래 다닌
분식집 빵집 생각에
웃음이 절로 난다

앗! 돌부리에 걸려

호수 담긴 커피잔이
내동댕이 쳐졌다

여고 시절까지 회상하고
나와 같이 호수를 돌았던
은행잎은 어디에도
찾을 수가 없다

할머니와 손자

"할머니 요번 여름같이 놀러 가자
 할머니 일요일 수영 가자
 할머니 레고랜드 같이 가자"

어디를 가도 같이 가자는 아이
할머니 사랑한다는 말 보다
더 가슴 찡한 말

밥이 보약이라고
아침 일찍 손자 밥부터
먼저 챙긴다

사랑이 듬뿍 담긴 밥을
뚜벅뚜벅 잘 먹는 손자

어린 손자의 같이 가자는 말에
나는 어디든지
따라나설 작정이다

파마

후덥지근한 날이
배롱나무꽃 피듯
여름밤을 달군다

굵은 빗방울은
추적추적 창문을 적시고
눅진한 대기는
어깨춤을 내려앉게 한다

기분 전환으로
머리를 볶아본다
조금 지나니 라면 한 사발
머리 위에 얹혀 있다

꼬불꼬불 저들끼리 좌충우돌하여
잠깐의 산뜻하고 상큼한 모습의
아줌마는 어디 가고

촌 아줌마만 이리저리
바삐 움직이고 있다

오십견

해마다 간단히 하자고
약속한 차례 음식
눈앞을 지나는 손자들의
갈비 밥 최고라는 엄지척 모습

그만 예전과 같이
채워버린 장바구니

반갑잖은 아이들의 눈초리가
뒤꼭지에 꽂힌다

느닷없이 찾아온 오십견
한 마디도 못 꺼낸다

갈비 먹는 손자들의
미소가 빛난다
자식들은 눈초리 대신

맛나게 음식을 나눠간다
잊어버렸던 왼팔 통증이 되살아난다
내년엔 정말 줄여야겠다
마음은 청춘인데

쑥

초록이면 다 쑥인가
봄이 찾아온 길목에
쑥과 풀이 어우러져 보인다

예전에는 쑥 캔다고 시골길을
찾아 나섰는데 지금은 허리도
아프고 무릎도 쑤신다

도란도란 둘러앉아
쑥 캐던 싱싱한 무릎과
허리가 그립다

아픔을 느낀 게 몇 해 전인가
시간이 지나는 것을
몸이 먼저 대변해 준다

뉴스에서 떠드는 코로나도

60세 이상 조심하란다
3년 전에 기분 나쁘게
들었던 멘트다

3년이 지난 지금
고개가 절로 끄덕여진다

눈

초등학교, 대문을 벌컥
열고 들어오면
외할머니 코에 속눈썹에
하얀 눈 내린 채
하얀 손으로 반갑게 맞아 주신다

식탁 위 하얀 눈발이 펼쳐져 있다
홍두깨로 이리 밀고 저리 밀면
어른 주먹만 한 밀가루 덩이
먹기 좋은 국시가 된다
멸치 다시로 담백한 맛이지만
언제나 두 그릇 이상 꼭 먹었다

바깥에 눈이 내리고 있다
할머니 홍두깨 밀던
하얀 손으로 반갑게 흔들어주신다
여전히 코와 속눈썹에
눈이 많이 매달려 있다

따뜻한 눈사람

6층 아래로 보이는
작은 공간에 개성 가득한
눈사람이 서 있다

나뭇잎으로 입을 만들고
까만 테이프로 눈썹을 붙이고
바가지로 모자를 씌우고
발 모양에 젓가락으로
샌들을 신겼다

차가운 바람을 맞으며
서로 곁눈질해가며
경쟁과 가족 간의 따뜻함 속에
만들어진 눈사람

눈이 오면 우산 먼저 챙기며
눈 맞기를 매정히

거부하는 요즈음

개성 있는 눈사람이
유난히 따뜻함을 품어낸다

책임감

회사 내의 글은 도맡아
쓴다고 자랑하는 아들
나는 기특한 생각에
웃음을 머금는다

어느 날 1년여 감추어둔 비밀을
불쑥 말해 버린다
"얘들아, 엄마 시 공부한단다
선생님은 엄마의 친구야"

동그래진 아들의 눈
무슨 말을 하려나
엄마 등 뒤로 땀이 배어 나온다

"아. 엄마의 글재주를
내가 닮았구나"
나는 갑자기 당황스럽다

시를 잘 쓰지도 않고 배우고
있을 뿐인데

시에 대한 책임감이 가슴
저 밑에서부터
스멀스멀 올라온다

종이 거울

하루 종일 하얀 종이와 씨름한다
종이를 거울인 양
째려보고 미소 지어 본다
웃고 울어도 본다

종이는 반응이 없다
펜을 든 손가락도 움직이지 않는다

창밖에는 자동차 다니는 소리만 들린다
나뭇가지가 흔들리지도 않고
뻣뻣하게 하늘만 찌르고 있다

종이 거울은 무심히 나만 쳐다본다

종이를 들고 흔들어 본다
종이는 물결처럼 조용히 흔들린다
물결 속에는 파도와 지느러미들과

방울방울 떠오르는 공기들과
물풀들과 모래들이 춤을 추는데

나의 종이 거울에는
오늘도 점하나 찍히지 못했다

팬데믹

우리 집 냉장고 옆면에
붙어 있는 달력은
2월에 멈춰 있다

올해는 구두보다 실내화를
더 많이 신고 지냈다

나의 숨 쉼이 남에게 부담을 주고
너의 숨 쉼이 나에게 부담되는
2020년 달력 한 장 겨우 남아있다

오늘 아침 냉장고 벽면의
달력이 툭 떨어져 버렸다

떨어진 네모난
빈자리가 휑하다

조약돌 탑

사계절의 변화를
병풍으로 두른
강물 하류에는
작은 조약돌 탑이
수없이 많이 있다

대학 입시 기원을 비는 기원 탑
행복한 결혼을 바라는 행복 탑
손주를 바라는 할머니의 소원 탑
가족의 건강을 기원하는 건강 탑

각양각색의 모양으로
정성을 들여
쌓은 작은 탑들

어느 사이 나도 한 땀 한 층
주문을 읊조리며

돌 위에 돌을
쌓고 있다

4부

눈칫밥

거실 귀퉁이에서
연명하는 몇 개의 화분
베란다 대신 확장한
마루 공간에 사는

눈치는 보지만 꽃은
환하게 웃으며 피어난다
물은 겨우 먹고 산다
다행히 햇볕은
마음껏 마신다

주인의 관심을 받아 보려
열심히 사는 모습이 대견하다
요즘 눈길을 자주 보내게 된다

일주일에 한 번
물을 주고나면

내 목도 시원해진다
정이 들었나보다

오래된 병

냉장고 깊은 곳
오래된 유리병 안에 넣어둔
물이 얼음으로 변했다가
그 압력을 못 이겨
유리병은 잔금으로 얼룩져있다

얼룩진 잔금은 우리네 주름 같다
주름이 늘수록 우리 몸도
여기저기 고장 나기 시작한다

무생물인 유리병도
스스로 깨지는데
하물며 생명체인 우리 몸이야
말해 무엇하겠는가

봄빛이 밝은 아침에
코끝이 찡해진다

눈

보고 싶은 곳 보고 싶지 않은 곳까지
덮어 버리는 하얀 눈은 깨끗하지만
깨끗한 것도 잠시
햇볕의 힘에 짓눌려
금방 녹아 버린다

금세 더러워지는 차와 거리
눈사람 대신 장갑만 적신 채
돌아오는 손자

눈에 가득한 불만
건드리면 봇물 쏟아낼 것 같은 눈망울

올 크리스마스 땐
즐거움과 행복을
한 아름 안은 눈 선물을 받아

즐거운 별을 쏟아내는
눈망울을 기대해 본다

5월의 게

펄떡펄떡 뛰는 게 위에
양파 마늘 생강 담은 간장 물을 붓는다

서로의 다리를 붙잡으며
바둥거린다
힘센 놈이 약한 놈
다리를 떼어 버린다

애들아, 미안하다
1년 중 5월
게한테는 잔인한 달이지만
게장으로 담기엔 가장 맛있다기에
년 중 행사로
간장을 쏟아붓는다

인간의 맛난 입맛을 위해
게들의 몸부림이
5월은 더 치열해진다

교복

이른 아침 콩나물시루같이
빽빽한 버스에서 한 무더기
곤색 검정 제복의 남, 여학생들이 쏟아진다

남학생은 빡빡머리에 모자
여학생은 땋은 머리, 단발머리에
제각기 학교 특징을 살려
멋을 낸 교복을 입고

목표로 한 학교에 가기 위해
무거운 가방을 등에 업거나 들고
콩나물시루 버스에 시달려도
힘든 줄 모르고 지냈던 고교 시절

모든 게 아날로그지만
지금보다 마음적으로 여유로웠던 시절

풀 먹인 하얀 컬러 위에
마냥 웃는 친구들의
앳된 모습을 떠올리면

공돈 생긴 것처럼 입꼬리가
언제나 씰룩거린다

기억력

따뜻한 봄날 친구와의
약속을 위해 부지런히 움직인다
장롱문을 잠그고 열쇠를
나만의 장소에 넣어두고
후다닥 밖으로 나오니 날이 차다
다시 돌아가 코트를 꺼내입는다

집에 돌아와 열쇠를 찾으니 없다
집 안을 벌집 쑤시듯 뒤진다
오랜 시간이 지나도 찾을 수가 없다
힘이 들어 침대 위에 털썩 앉는다
엉덩이를 뾰족한 것이 찌른다

수건 밑에서, 몇 시간 고생하셨어요 하며
얄밉게 웃고 있다

반갑고 어이없고 순간 백지장 같았던
기억에 두려움이 생기기 시작한다

해맑은 엄마

삼시 세끼 밥은 굶어도
하루에 한 번
청소를 하지 않으면
잠을 못 주무시는 엄마

아픈 허리 땜에
싱크대 이단 이상은
손이 닿지 않는 엄마

까탈 부리고 생떼를 써도
기다려주는 엄마

최신 유행은 몰라도
기죽지 않는 엄마

움직일 수 있음에
감사하다며
잘 웃는 엄마

코로나-19

보고 싶은 친구들을 만나
커피숍에 갔다
4인 이상 모이면 안 된다는데
6명이 들어가
옆 좌석에 세 명씩 나눠 앉아
눈빛으로 교환한다

눈빛으로 교환 중에
어린 점원이 금광에서
노다지 만났다는 회심의 미소로
우리더러 나가란다

우린 순간적으로
모르는 사이라 한다

노다지를 본 점원은
절대 금맥을 놓치지 않는다

기어코 나가란다
밖으로 나왔지만
속으로 용광로가 끓어오른다

금방 벗을 줄 알았던 마스크를
세 번째 겨울도 쓰고 있다

불꽃은 가슴속에서 벌겋게 타오른다
오래 참았던 가슴속 빗장을 열고
시원한 바람을 맞고 싶다
불꽃이 빨리 잦아들기를 바라면서

노안

자주 먹는 불고기
눈대중으로
손 감각으로
항상 똑같은 맛으로
식탁에 올려진다

어느 날 맛이 불편하다
이 불편한 맛은 뭐지?

고추와 빨간 피망
소금과 설탕이 구별 안 되고
다진 생강과 다진 마늘이
같아 보인다

씁쓰레한 웃음이
배어 나온다
불고기 먹은 뒷맛이

날김치 한 입
베어 문 것 같다

김장

부족한 소금으로
맛없을 줄 알았던
김장 김치를
한 입 베어 무니
시원한 사이다를
한 모금 마신 것 같다
입안에 도는 달콤함
목줄기를 타고 내려가는 시원함

김치 머금은 식구들
입 주위에 웃음기가 돈다

싱싱하고 왕성한 배추를
소금으로 기운 빼게 하여
각자 입맛을 맞추어 주니
갖은양념 보다
소금이 대장이다

올해도 소금 때문에 고민했고
내년에도 소금 때문에
머리 아프겠다
김장은 늘 소금과의 전쟁이다

사계절

봄엔 연두색 작은 애기 옷을 입는다
고사리손으로 그림도 그리고
서툴지만 글자도 써본다

미래의 전문직, 운동선수,
멋있는 모습을 꿈꾸며
씩씩하게 자란다

여름엔 고사리손이
튼튼한 청년의 손으로 자란다
짙은 초록색의 멋진 코트를 입는다
초록색이 짙어질수록
꿈은 멀어져간다

바람이 잦은 가을
초록 코트를 벗고, 물기 빠진
노란 붉은 코트로 갈아입는다

꿈을 이룬 자 이루지 못한 자
구분이 가지 않는다

눈 오는 겨울
모든 옷을 벗어 던진다
태어날 때처럼 벌거숭이다

덕질

성악을 기반으로 트롯을 고급지게
부르는 가수가 눈에 띄었다

아무도 없는 집에서 혼자 그의 노래를
듣고 있으면 나도 모르게
눈시울이 뜨끈해진다

한참을 그렇게 듣다 보면
하루가 가뿐해진다

그 가수에 대한 얘길 하며
친구와의 통화가 길어진다

모처럼 집에 온 자식들이
그 모습을 보며 눈을 흘긴다

"얘들아, 엄마의 마음도 소녀란다."

작은 소리였을까?

답이 없다

월

예전에는 누가 뭐래도
거들떠보지
보지 않았던 제품이다

지금은 사람 만날 때마다
열심히 선전 한다
콜레스테롤, 헬리코박터
균을 없애주는 식품이라고

어린 시절 더운 여름날
뽕 나무 아래에서
이빨이 새카맣도록
먹었던 새콤한 오디 맛 제품은
보기만 하면 사서
주변 사람들에게
나누어 준다

막내가 말한다
"엄마, 그러지 않으셔도 돼요"
왜? 나는 계속 얘기하고 다닐 거다

네가 이 회사 나오기 전까진

변화

잣나무가 병풍처럼
둘러싸고 있다
깨끗하고 맑은 하늘
보기만 해도 기분 좋아지는
파란색이다

옛날 집들은
울창한 나무와 꽃이 어우러져
은은한 멋을 풍긴다
대문 앞에 빈방 있다는
팻말이 비를 맞아
고개를 숙이고 있다

새로 지은 현대식 건물 마당에는
자동차가 빽빽하다

옛것과 새것이

한눈에 보이는 작은 마을
변하지 않는 건
하늘을 향해 쭉쭉 뻗은 잣나무

친구

코스모스가 한들거린다
흔들거릴 때마다 이쪽저쪽에서
너의 얼굴이 보인다

순박하게 웃는다
근심 걱정도 없이 해맑다

너의 얼굴은 11살
그 모습 그대로이다
나만 세월을 먹은 것 같다

내 기억 속의 너는
가을만 되면 제일 먼저
콧물을 흘렸지
콧물을 연신 닦아내는 게
비염이었나 봐

어딘가에서
웃으며 지내고 있을 너

코스모스 흔들리니
네가 많이 보고 싶다

입학식

기저귀 찬 채
자기 몸의 반을 차지하는
노랑 가방 메고
어린이집을 가던 아가가
유치원까지 훌쩍 자라
졸업을 했다

어엿한 가방을 메고 초등학교
교문을 들어선다

초등학생 하나에
3, 4명의 보호자가
둘러싸는 입학식

휴대폰 카메라 셔터 소리가
합창을 한다

귀한 손자 귀한 딸 아들이다
낮아지는 출산율에
빛나는 금동이들

해맑은 웃음을 짓고
참새 떼처럼 재잘거린다

이중적 생각

어느 날 전기가 들어오지 않는다
TV, 라디오 모든 소리가 묵음이다

호롱불 반딧불 아래에서
생활했던 옛 시절을 생각해본다

피어나는 꽃 흘러가는 구름이 보이고
개울에서 흐르는 물소리가 들렸다

천천히 흘러갔던
옛날이 그립다고 했더니
어머님께서 말씀하신다

무슨 소리냐 개울에서
빨래하고 나무 때고
손은 겨우 내내 트고
얼마나 고생이 많았는데

정서는 옛날이 좋고
생활은 지금이 좋다

〈손자 방우영의 시〉

매미

방우영

오늘도 매미가 시끄럽게 울어 댄다
수년간 땅속에 살다가
드디어 날개를 편 매미들은
가까이 가도 눈 하나 깜짝 안 한다

코앞에 탐스럽게 익은 열매를 두고도
검소하게 이슬만 먹고
천적이 와서 위협해도
굳건하게 자리를 지키고
시간이 흘러도

한자리만 미련하게 고집하는 매미
여느 때와 다름없이 얌전히
얼마 남지 않은 삶을 보낸다

어제도 오늘도 내일도
매미의 아름다운 소음이
거리를 채운다

■ □ 김애경 1시집 『종이 거울』 해설

사랑의 매개로서의 가족과 종이 거울을 향한 열정
– 김애경의 시 세계

권 온 (문학평론가, 문학박사)

1.

김애경 시인은 이화여자대학교를 졸업하였으며, 2021년 계간 《시와편견》을 통하여 시인으로서 등단하였다. 그녀가 이번에 첫 번째 시집 『종이 거울』을 발간하게 되었다. 칠순의 나이에 발간한 시인의 첫 시집을 읽는 일은, 단순한 시 읽기를 넘어선다. 그것은 한 사람의 인생과 온전히 마주하는 감동적인 사건일 수 있기 때문이다.

필자는 이번 시집의 뛰어난 시편詩篇 중에서 10편의 시를 골랐다. 우리는 「포마드」, 「비밀번호」,

「얼굴」, 「엄마의 옷」, 「나이-1」, 「나이-2」, 「할머니와 손자」, 「책임감」, 「종이 거울」, 「조약돌 탑」 등 10편의 시를 읽으며 김애경시인이 펼치는 시 세계의 핵심에 다가설 수 있을 것이다.

2.

 언젠가 테레사 수녀Mother Teresa는 '세계 평화'와 '가족'의 관련성에 대해서 "당신은 세계 평화를 증진하기 위해 무엇을 할 수 있을까요? 집에 가서 당신의 가족을 사랑하세요.(What can you do to promote world peace? Go home and love your family.)"라고 언급한 바 있다.
 김애경이 첫 시집에서 전개하는 시들의 핵심 주제 중 하나는 '가족' 사이의 사랑일 수 있다. 그녀는 이번 시집에서 많은 가족 구성원을 작품 속으로 끌어들여서 표현했는데, 이들 시편의 기저에 흐르고 있는 사랑의 강물을 유심히 관찰하는 일도 흥미진진할 것이다.

어디서 꺼냈는지
빨강 노랑 파랑 삼색의 띠가 낡아
회색으로 보이는 모자를 쓰고
손자가
칼싸움을 한다

모자가 너무 커서
얼굴을 다 덮는데도
잘도 뛰면서 논다

애가 뛸 때마다
언뜻언뜻
낯익은 포마드 냄새가 난다

퇴근한 아버지는 언제나
나를 번쩍 안아 볼을 비비셨다
수염도 따가웠지만
포마드의 그 짙은 냄새가 싫어
얼른 내려가려고 발버둥을 쳤었다
그럴 때마다
아버지는 외동인 나를
더욱더 꼭 안아주시곤 했었다

얼굴이 땀범벅 된 손자가

모자를 소파 위로 던진다

소파 위에 누워 계시던 추억이

벌떡, 일어나

손자를 안고 볼에 뺨을

비비신다

오늘따라

그 희미한 포마드 냄새가

마음에 축축하게 쌓여

온몸을 저리게 한다

_「포마드」전문

시적 화자 '나'가 바라보는 인물은 "손자"이다. '할머니'로서의 '나'가 관찰하는 '손자'는 "회색으로 보이는 모자를 쓰고", "칼싸움을 한다" '회색으로 보이는 모자'는 '손자'가 어디에선가 꺼낸, 오래 전에 누군가 썼던 모자이다. '나'는 모자를 쓰고 "잘도 뛰면서" 노는 "애"를 본다. 놀랍게도 할머니는

"애가 뛸 때마다/ 언뜻언뜻/ 낯익은 포마드 냄새"를 맡는다. 모자에 배인 '낯익은 포마드 냄새'의 주인공은 '나'의 "아버지"이다.

'나'에게 "포마드의 그 짙은 냄새"는 "수염"과 함께 "아버지"를 상기시켜 주는 매개이다. '아버지'는 유년 시절의 '나'를 "번쩍 안아 볼을 비비셨"고, "꼭 안아주시곤 했었다" 세월이 많이 흘렀고, 모자의 주인이었던 '아버지'는 계시지 않는다. 그러나 손자가 "소파 위로 던진" 모자와 함께, 모자에 배인 '포마드 냄새'가 난다. 포마드 냄새와 함께 "소파 위에 누워 계시던 추억이/ 벌떡, 일어"난다. "추억"이라는 이름의 돌아가신 아버지가 '나'의 곁에 위치하는 것이다. 그러므로 독자들로서는 '나'의 "마음에 축축하게 쌓여/ 온몸을 저리게" 하는 "그 희미한 포마드 냄새"에서 "외동인 나를" 향한 아버지의 지극한 사랑을 확인할 수 있다.

"열려라 참깨"
옛날엔 주인이 말하면
동굴 문이 열렸다

요즘은 현관문 컴퓨터 은행
모든 일에 비밀번호가 있어야
대문이 열린다

어느 날 딸의 비밀번호가 필요했다
엄마 내 번호는 엄마가 아는 번호야
무심코 한마디 던진다

무심히 내 생일을 눌러본다
내게는 못 쓰는 생일번호가
딸에게는 비밀번호이다

발걸음이 가벼워진다
괜히 콧노래가 나온다
비밀번호가 어떤 선물보다
감동을 주는 하루다

_ 「비밀번호」 전문

 김애경이 시로서 형상화하는 대상들 중에서 가장 큰 비중을 차지하는 것은 '가족'일 수 있다. 그녀는 앞에서 살핀 시 「포마드」에서 '아버지'와 '손자'를 다루었는데, 이번 시에서는 "딸"을 표현한다. '엄마'와 '딸' 사이야말로 이 세상에서 가장 친밀한 관계일 테다. 서로 거의 모든 것을 공유할 수 사이에는 "비밀번호"를 알려줄 수도 있을 것이다. "현관문 컴퓨터 은행" 등 "모든 일에 비밀번호가 있어야", "대문"을 열 수 있는 "요즘", 시적 화자 '나'에게도 "딸의 비밀번호가 필요"한 날이 도래했다.

'나'는 '딸'에게 '비밀번호'를 물어보고, '딸'은 비밀번호의 힌트로서 "내 번호는 엄마가 아는 번호"임을 알려준다. '나'는 "무심히 내 생일을 눌러본" 후 "감동"한다. 엄마의 생일이 "딸에게는 비밀번호"가 된다는 사실 앞에서 '나'의 "발걸음"은 "가벼워"지고 "콧노래가 나온다" 엄마를 생각하는 딸의 마음을 확인했다는 점에서 '비밀번호'는 '나'에게 가장 큰 "선물"이 되는 것이다.

거울 속의 낯선 여인이
나를 쳐다보고 있다

눈꼬리에 새로 생긴 몇 개의 선

입 주변의 선명한 심술선

눈두덩이엔 솜방망이처럼 매달린

잘 떠지지 않는 눈

1월의 달력을 넘긴 것 같은데

어느새 12월 달력만 남게 된다

서글퍼지는 외모 대신

주름의 수만큼

넓어지는 마음으로

거울 속의 여인이

나에게

위로의 말을 건네준다

_「얼굴」 전문

　물체의 모양을 비추어 보는 물건으로서의 "거울"은 인간의 삶에 필수적으로 요구된다. 나날의 일상에서 '거울'을 활용하지 않는 사람들은 거의 없기 때문이다. 이 시에서 시적 화자 '나'는 '거울' 속의 "낯선 여인"을 바라본다. 그 여인의 "눈꼬리"에는 "몇 개의 선"이 보였고, "입 주변"에는 "심술선"이 있었으며, "눈"은 "잘 떠지지 않는" 상태였다.

'나'에게 여인의 낯선 "외모"는 "서글"픔의 감정을 제공하였다. "1월의 달력"이 "12월 달력"으로 달리는 속도가 점점 빨라진다. 세월은 흐르고 "주름의 수"는 늘어난다. 분명 "거울 속의 여인"은 '나'와 같은 인물임에도 불구하고 '나'는 그 여인이 어색하다. 이 시를 읽는 독자들에게도 사진 속의 남자가 낯선 경우, 스마트폰 화면 속의 여자가 어색한 경우가 있을 테다. 김애경은 이번 시에서 '겨울 속의 (낯선) 여인'이 '나'를 쳐다보고, "나에게／ 위로의 말을 건네준다"라고 언급하고 있는데, 필자는 이를 뒤집을 것을 제안한다. 이제는 당당한 입장의 '나'가 그 여인을 쳐다보고, 그녀에게 위로의 말을 건네주면 좋을 것이다. 늙어간다는 것은 모든 존재에게 자연스러운 현상이기 때문이다.

작은 키지만
요즘 더 작아진 엄마
이 옷도 안 맞고 저것도 안 맞는다

안 입으신다고 던져진 옷

엄마의 냄새와 정이 배인
옷을 걸쳐본다

예전에는 절대 맞지 않았다
유행은 지났으나
품이 다 맞는다
그렇게 살이 찌지도 않았는데
나잇살인 게다

가장 나은 옷을 걸치고
뒤돌아서니
소녀처럼 웃으신다
네가 난줄 알았다

"하하하" 잘 안 웃으셨는데
모처럼 크게 웃으신다

_「엄마의 옷」 전문

앞에서 살핀 시 「비밀번호」는 '엄마'와 '딸'의 관계를 다루었는데, 이번에 점검할 시 「엄마의 옷」 역시 '엄마'와 '딸'의 관계에 주목한다. 다만 다른 점이 있다면, 「비밀번호」에서의 시적 화자 '나'는 엄마의 입장이었고, 이번 시에서의 '나'는 '딸'의 입장이라는 사실이다.

자녀가 성장하다 보면 부모의 옷을 입게 되는 경우가 발생한다. 이 시에서 '나'는 "이 옷도 안 맞고 저 옷도 안 맞는다"며 "던져진 옷"을, "엄마의 냄새와 정이 배인/ 옷을 걸쳐본다" '나'가 "유행은 지났으나/ 품이 다 맞는", "옷을 걸치고/ 뒤돌아서니", '엄마'는 "소녀처럼 웃으신다" "네가 난줄 알았다"라는 엄마의 언급과 '하하하'라는 의성어로 구체화되는 엄마의 웃음소리는, 자신과 닮은 자식의 성장을 눈앞에서 확인하게 된 부모의 흐뭇함을 제시한다. 아마도 삶의 활력소로서의 자식의 모습 앞에서 기뻐하는 부모의 모습에 공감하는 독자들이 적지 않을 것이다.

새해 첫날
떡국을 먹는 식구들의 표정이 다양하다

제일 어르신 할머니는 국그릇에
숟가락을 넣고 천천히 한 숟가락씩 드신다
나는 먹기 싫어서 조금 폈다
아들과 딸은 맛있게 먹는다
손자들은 신나게 먹는다

떡국 먹기 싫은 나는
세 번 더 먹으면 칠순이다
나이 먹는 것이 두렵다

정신없이 달려온 시간을 돌아본다
아이들이 중년으로 접어 들고
큰 손자는 사춘기에 들어선다

67세의 나이 보다, 40넘어 가는
자식들 나이에 화들짝 놀란다

떡국 먹지 않겠다는 투정은
갑자기 부끄럼이 되어
치마 속으로 감춰버린다

다가오는 세월을 의연히

받아들일 준비를 하며

맛있게 떡국을 다시 먹어본다

_「나이-1」 전문

 시적 화자 '나'에게 "새해 첫날/ 떡국을 먹는"일은 즐거운 일만은 아니다. '나'가 "떡국 먹기 싫은" 이유는 "나이 먹는 것이 두렵"기 때문이다. "손자들"은 떡국을 "신나게 먹"고, "아들과 딸"은 떡국을 "맛있게 먹는" 반면 '나'와 "제일 어르신 할머니"는 떡국을 신나고 맛있게 먹기가 쉽지 않다. 떡국을 먹는다는 것은 새해를 맞았음을 뜻하고 '나이'를 먹었음을 의미하기 때문이다.

 '나'가 나이 먹는 일을 두려워하는 이유는 자신에게 남아있는 나날이 점점 줄어들기 때문이다. "아이들은 중년으로 접어 들고/ 큰 손자는 사춘기에 들어선다"라는 사실과 "정신없이 달려온 시간" 앞에서 '나'는 "화들짝 놀란다" "칠순"을 바라보는 스스로의 나이보다도 "40넘어 가는/ 자식들 나이"가 '나'에게는 충격으로 다가오는 것이다. 그러나 성숙한 인품의 '나'는 "떡국 먹지 않겠다는 투정"을 거두고, "다가오는 세월을 의연히/ 받아들일 준비를 하며/ 맛있게 떡국을 다시 먹어본다" 요컨대 의연한 인물로서의 김애경의 매력이 돋보이는 시가 「나이-1」이다.

눈가의 주름 친구들의 흰 머리
싱크대의 묵은 때
잘 안 보여 편할 때도 있다

소소하게 나누는 얘기
귀 기울이지 않으면
흘려서 듣게 된다

흘러가는 시간 속에
몸에 힘을 빼고 천천히
드러 눕는다
시간은 강물이 된다

마음속의 욕심, 과시욕을 떨구니
가볍게 강물과 친구가 되어
개울물도 되고 큰 폭포도 되면서

바다에 이르게 된다

나이가 드니 바다 같은 마음과
깃털처럼 가벼운 몸을 갖게 되니
나쁘지만은 않은 것 같다

_「나이-2」 전문

 앞에서 다룬 시 「나이-1」과 같은 제목을 달고 있는 또 다른 「나이-2」라는 시이다. 앞의 시 「나이-1」이 할머니, 엄마(시인), 아들, 딸, 손자들 등 전체 식구들을 아우르면서 전개되었다면, 이번에 살필 시 「나이-2」는 온전하게 시인 본인과 관련된 "나이"를 형상화한다.

 김애경에 의하면 '나이'는 "나쁘지만은 않은", 장점이 많은 대상이다. 나이가 불러오는 장점으로는 "몸에 힘을 빼"도록 돕는다는 사실과 연결된다. 예전에는 매우 잘 보려고 했지만, 지금은 "잘 안 보여 편할 때도 있"고, 예전에는 매우 잘 들으려고 했지만, 지금은 "흘려서 듣게" 된다. 시인에 따르면 나이가 든다는 것은 "마음속의 욕심, 과시욕을 떨"구는 일이다. 노인의 나이에 다가설수록 우리는 "바다 같은 마음과/ 깃털처럼 가벼운 몸을 갖게" 된다. 과도한 욕망과 욕심을 내려놓고, 넓은 마음과 가벼운 몸을 얻게 되는 일을 나이가 제공하는 뜻밖의 행운으로 해석할 수도 있겠다.

"할머니 요번 여름 같이 놀러 가자
할머니 일요일 수영 가자
할머니 레고랜드 같이 가자"

어디를 가도 같이 가자는 아이
할머니 사랑한다는 말 보다
더 가슴 찡한 말

밥이 보약이라고
아침 일찍 손자 밥부터
먼저 챙긴다

사랑이 듬뿍 담긴 밥을
뚜벅뚜벅 잘 먹는 손자

어린 손자의 같이 가자는 말에
나는 어디든지
따라나설 작정이다

_「할머니와 손자」 전문

시 「포마드」에 등장했던 '손자'가 이번 시에 다시 출현한다. 이 시에서 가장 긴요하게 작동하는 표현은 "같이 가자"이다. 손자는 시적 화자 '나'에게 '같이 가자' 또는 그것의 변용에 해당하는 "같이 놀러 가자"나 "수영 가자" 등을 제안한다.

손자는 "할머니"인 '나'에게 "어디를 가도 같이 가자는" 말을 건네는데, '나'는 '같이 가자'는 말을 "사랑한다는 말" 이상으로 좋아한다. '같이 가자', '같이 먹자', '같이 하자', '같이 살자' 등의 표현에는 '가족'과 같은 공동체의 의미와 가치가 담겨있기 때문이다. 이 시를 읽는 독자들 역시 '같이' 또는 '함께'의 의의를 되새기며 자신의 가족 또는 식구를 찾아볼 일이다.

회사 내의 글은 도맡아
쓴다고 자랑하는 아들
나는 기특한 생각에
웃음을 머금는다

어느 날 1년여 감추어둔 비밀을
불쑥 말해버린다
"애들아, 엄마 시 공부한단다
선생님은 엄마의 친구야"

동그래진 아들의 눈
무슨 말을 하려나
엄마 등 뒤로 땀이 배어나온다

"아. 엄마의 글재주를
내가 닮았구나"
나는 갑자기 당황스럽다

시를 잘 쓰지도 않고 배우고
있을 뿐인데

시에 대한 책임감이 가슴

저 밑에서부터
스멀스멀 올라온다

_「책임감」 전문

 이번 시의 개성이라면 "시"를 향한 시인의 열정이 자연스럽게 노출된다는 사실과 무관하지 않다. 이 시에서 시적 화자 '나'는 "아들"을 기특하게 생각한다. 아들이 "회사 내의 글은 도맡아/ 쓴다고 자랑하"고 있기 때문이다. 아들의 글 자랑에 영향을 받은 것일까? "엄마"는 "감추어둔 비밀을/ 불쑥 말해 버"리고 만다. 그 비밀은 '나'가 "시 공부" 한다는 사실이다.

 '나'의 갑작스러운 '고백'을 향한 아들의 반응은 '엄마'를 "당황스럽"게 만들기에 충분하다. 아들은 자신의 "글재주"의 원천으로서 "엄마"를 꼽고 있기 때문이다. 기특하고 자랑스럽게 여기는 자식의 글재주가, 자신의 '시 공부'에서 비롯되었을 수도 있다는 현실 앞에서 '나'는 "시에 대한 책임감"을 깨닫는다. "가슴/ 저 밑에서부터/ 스멀 스멀 올라"오는 태양 같은 열정은 시를 향한 책임감이자 아들을 향한 숨길 수 없는 사랑이 된다.

    하루 종일 하얀 종이와 씨름한다
    종이를 거울인 양
    째려보고 미소 지어본다
    웃고 울어도 본다

    종이는 반응이 없다
    펜을 든 손가락도 움직이지 않는다

    창밖에는 자동차 다니는 소리만 들린다
    나뭇가지가 흔들리지도 않고
    뻣뻣하게 하늘만 찌르고 있다

    종이 거울은 무심히 나만 쳐다본다

    종이를 들고 흔들어 본다
    종이는 물결처럼 조용히 흔들린다
    물결 속에는 파도와 지느러미들과
    방울방울 떠오르는 공기들과
    물풀들과 모래들이 춤을 추는데

나의 종이 거울에는

오늘도 점 하나 찍히지 못했다

_「종이 거울」 전문

 김애경은 첫 시집의 제목으로서 "종이 거울"을 선택했는데, 이 시는 시집 제목을 선택하는데 결정적인 영향을 끼쳤을 테다. 시인이 주목하는 '종이 거울'이라는 표현은 '종이'와 '거울'이라는 두 개의 요소로서 구성된다. 시적 화자 '나'는 "하루 종일 하얀 종이와 씨름"하기도 하는데, '나'가 '종이'와 힘겨운 씨름을 이어가는 이유는 무엇일까? 그것은 '나'가 종이 위에 "점 하나 찍"고, 글자 하나를 쓰기 위해서일 테다.

 앞에서 살핀 시「얼굴」에서 김애경은 "거울"을 도입한 바 있는데, 이번 시에서는 '종이'의 본질적 속성으로서 '거울'을 연결한다는 점에서, 독자들에게 개성적인 시학詩學을 제공하고 있다. '나'에게 '종이'는 '거울'과 같은 대상이 되는데, '나'는 거울 속에 스스로를 비쳐 보듯이, "째려보고 미소 지어"

보거나, "웃고 울어도 본다" 또한 '나'는 "종이를 들고 흔들어" 보기도 하는데, 그럴 때면 "종이는 물결처럼 조용히 흔들"리면서, "파도와 지느러미들과", "공기들과/ 물풀들과 모래들"의 "춤"을 보여준다.

'나'가 종이에서 추출하려고 노력한 '물결', '파도', '지느러미들', '공기들', '물풀들', '모래들' 등은 또 그것들의 역동적인 움직임으로서의 '춤'은 시인이 '종이 거울'에서 발견하려고 노력한 삶이자 꿈이며 인생을 담은 시詩일 수 있다. 그런 의미에서 우리는 '내일', 김애경의 '종이 거울' 위에 새로운 점 하나가 찍힐 것임을 믿는다.

    사계절의 변화를
    병풍으로 두른
    강물 하류에는
    작은 조약돌 탑이
    수없이 많이 있다

    대학 입시 기원을 비는 기원 탑
    행복한 결혼을 바라는 행복 탑

손주를 바라는 할머니의 소원 탑

가족의 건강을 기원하는 건강 탑

각양각색의 모양으로

정성을 들여

쌓은 작은 탑들

어느 사이 나도 한 땀 한 층

주문을 읊조리며

돌 위에 돌을

쌓고 있다

_「조약돌 탑」 전문

  대한민국에서 살아가는 많은 사람들에게 "각양각색의 모양으로/ 정성을 들여/ 쌓은 작은 탑들"을 발견하는 일은 익숙하다. 우리는 산을 오르거나 "강물 하류"를 거닐면서 "조약돌"과 같은 작은 돌들을 쌓아서 만든 "탑"을 보게 되는 경우가 많다. 사람들이 "각양각색의 모양으로/ 정성을 들여" 탑을 쌓는 이유는 무엇인가? 누군가는 탑을 쌓으며

"대학 입시 기원을" 하고, 누군가는 "행복한 결혼을 바라"기도 한다. 또 누군가는 "손주를 바라"고, 누군가는 "가족의 건강을 기원"한다.

이와 같이 "조약돌 탑"의 배경에는 다양한 '건강', '행복', '기원', '소원' 등의 바람이 자리한다. 이 땅에서 70여 년의 삶을 살아낸 시적 화자 '나' 역시 소중한 기원과 소원의 기회를 살리고 있다. "한 땀 한 층/ 주문을 읊조리며/ 돌 위에 돌을/ 쌓고 있"는 '나'의 모습 앞에서 독자들은 '합격', '결혼', '득남(득녀)', '건강' 등을 향한 한 여성의 지극한 정성을 목도한다. 우리는 이와 같은 작지만 긴요한 정성들이 쌓이고 쌓여서, 우리네 삶이 수천 년 동안 유지되어왔음을 깨닫는다.

3.

필자에게 김애경의 첫 시집 『종이 거울』을 독자들과 함께 읽는 일은 즐겁고 유쾌한 경험이었다. 그녀의 시편에 담긴 즐거움과 유쾌함은 솔직하고 담백한 시인의 인품에서 비롯된다. 칠순의 나이에 이르기까지, 김애경에게도 고난이나 위기의 순간이 찾아왔을 수 있다. 그러나 그녀가 이번 시집에서 형상화하는 시 세계는 과거의 부정적인 순간에 매몰되지 않고, 현재와 미래의 무한한 가능성에 초점을 둔다는 점에서 개성적이다.

김애경이 이번 시집에서 집중하는 주제는 무엇보다도 가족과 강하게 연결된다. 시인이 선택한 가족 구성원의 목록에는 "아버지", "손자", "딸", "엄마(할머니)", "아들" 등이 위치한다. 물론 여기에서 언급하는 가족 구성원 목록에는 시인 자신(시적 화자 '나')도 포함된다. 그녀가 이렇게 다양한 가족 구성원을 자신의 시 세계에 포섭한 이유는 무엇일까? 그것은 아마도 시인의 노화老化와 무관하지 않을 테다. 시 「나이-1」에서 언급한 바 있듯이, 그녀는 "칠순"의 "나이"를 맞아서 "정신없이 달려온 시간을 돌아"보는 중이기 때문이다.

독자들이 김애경의 가족 시편을 정독한다면, 가족을 향한 시인의 대단히 따뜻하고 정다운 마음을 은은하면서도 강렬하게 경험하게 될 것이다. 가령 그녀는 시 「포마드」에서 돌아가신 '아버지'와 자라나는 '손자'를 '모자'를 매개로 함께 연결하고 있고, 시 「엄마의 옷」에서는 '엄마'와 자신을 '엄마의 옷'을 매개로 함께 묶고 있는데, 세월과 세대를 뛰어

넘는 이와 같은 연대와 통합은 시를 읽는 이들에게 놀라운 감동과 여운의 순간을 제공할 것이다.

 또한 시 「책임감」과 「종이 거울」 등에서 드러나는 시를 향한 책임감과 열정은, 끊임없이 새로운 삶의 목표를 향해 나아가는 김애경의 태도를 보여주기에 부족함이 없다. 그녀는 시 「나이-2」에서 제시하였듯이 "마음속의 욕심, 과시욕을" 내려놓고 "바다 같은 마음과/ 깃털처럼 가벼운 몸을 갖게" 된 이 시대의 진정한 어른이기도 하다.

 아버지와 엄마의 자녀로서, 아들과 딸의 엄마로서, 손자들의 할머니로서 김애경은 자신에게 주어진 70여 년의 삶을, 최선을 다하여 열정적으로 살아왔을 것이다. 이제 잘 성장하여 사회의 일원으로서 살아가는 자녀들과 그들의 자손 앞에서, 그녀는 시집 『종이 거울』을 간행함으로써 시인으로서의 삶에도 최선을 다할 것임을 선언하는 셈이다. 필자는 시인 김애경과 인간 김애경의 남아있는 앞날에 더 큰 축복과 행운이 찾아오기를 바라고 또 바란다.